CLAUDE COTTI

Président de la Société Académique
des Arts Libéraux de Paris

LE SINGE QUI A DIT : NON !

POÈMES MYTHIQUES

ILLUSTRATIONS DE L'AUTEUR,
DE ROSA-MARIA DONATO, DE MARGUERITTE DU BORD,
DE LILIA-A. PEREIRA DA SILVA, D'IRACEMA KAJIMOTO,
DE NEIDE FERREIRA TURRA,
D'ANA MARIA LISBOA MORTARI,
D'OLAVO SOARES, DE FABRICE MEEUS,
D'IZABELA SANTOS DA ROCHA LOURES
ET DE LARISSA SANTOS DA ROCHA LOURES.

**SOCIÉTÉ ACADÉMIQUE DES ARTS LIBÉRAUX
DE PARIS**

MCMLXXXII

LE SINGE QUI A DIT : NON !

IL A ÉTÉ TIRÉ DE CET OÚ-
VRAGE 1 000 EXEMPLAIRES
SUR VELIN BOUFFANT, SORTIS
DES PRESSES DE L'IMPRIME-
RIE CH. CORLET, À CONDÉ-
SUR-NOIREAU, QUI CONSTI-
TUENT LA PRÉSENTE ÉDITION
ORIGINALE.

CLAUDE COTTI
Président de la Société Académique
des Arts Libéraux de Paris

LE SINGE QUI A DIT : NON !

POÈMES MYTHIQUES

ILLUSTRATIONS DE L'AUTEUR,
DE ROSA-MARIA DONATO, DE MARGUERITE DU BORD,
DE LILIA-A. PEREIRA DA SILVA, D'IRACEMA KAJIMOTO,
DE NEIDE FERREIRA TURRA,
D'ANA MARIA LISBOA MORTARI,
D'OLAVO SOARES, DE FABRICE MEEUS,
D'IZABELA SANTOS DA ROCHA LOURES
ET DE LARISSA SANTOS DA ROCHA LOURES.

SOCIÉTÉ ACADÉMIQUE DES ARTS LIBÉRAUX
DE PARIS

MCMLXXXII

SOCIÉTÉ ACADÉMIQUE DES ARTS LIBÉRAUX DE PARIS

MCMLXXXII

AVERTISSEMENTS

1° PROPRIÉTÉ - L'Association garantit par ses Statuts à tous ses membres la libre disposition des œuvres qu'elle publie. Ceux-ci déclarent accepter les conditions de l'Association, lui donner leur autorisation de reproduction dans sa collection et la garantir contre tout recours de ce fait, même en cas d'appel en garantie et de pluralité de demandeurs, si les auteurs se sont dessaisis des droits sur les œuvres publiées ici, que l'Association ne saurait revendiquer. Seuls les membres de l'Association peuvent être publiés par elle.

2° COMPÉTENCE - Les personnes dont le nom, après avoir figuré sur les listes publiées dans les précédentes publications, ne figure plus dans le présent volume, ne peuvent ignorer qu'elles ont, par leur silence, abandonné l'Association. Tout usage de leur nom les présentant comme membres actuels de l'Association n'est pas conforme à la définition de la délicatesse pratiquée par les membres et, en cas de refus de rectification et de cessation de cet usage, expose à tout recours de droit, aucune dérogation antérieure de fait ne pouvant faire novation.

3° USAGE - L'Association n'accorde son patronage à aucun envoi systématique à ses membres de bulletins de souscription, d'abonnement, de participation, d'admisssion et autres demandes d'argent au profit ou en faveur de tiers, même membres de l'Association. Les demandes de l'Association doivent émaner du Président, et avoir pour seul but de faire connaître l'œuvre ou d'honorer la personne des membres. Conformément aux Statuts, le Président ne peut déléguer ses pouvoirs qu'à la Secrétaire Générale et au Trésorier Général.

4° RECRUTEMENT - Toute personne qui se croit un talent d'écrivain ou d'artiste peut adresser une demande au Président, qui examinera l'œuvre ainsi soumise avec compréhension et discrétion. *Quoique sans obligation de périodicité, l'appartenance à l'Association est réservée à ceux qui ont publié dans sa Collection ou qui ont des intentions précises de le faire.*

SOCIÉTÉ ACADÉMIQUE DES ARTS LIBÉRAUX DE PARIS

Association culturelle sans but lucratif
Déclarée à la Préfecture de Police de Paris sous le n° 62/1160

FR ISSN 0081-072X
Éditeur ISBN 2-85305

3, avenue Chanzy, Boîte postale 49
94210 La Varenne-Saint-Hilaire
(Commune de Saint-Maur-des-Fossés, Val-de-Marne, France)
Téléphone : Paris (1) 283-36-03

Délégations générales : Rome et Sào Paulo

COMITÉ CENTRAL

PROMOTEUR :
   Claude COTTI, Président

ADMINISTRATEUR :
   Alice COTTI, Secrétaire Générale

RESPONSABLE TECHNIQUE :
   Jean MADON, Trésorier Général

CONSEILLER ARTISTIQUE :
   Comtesse Rosa-Maria DONATO DI TRISCELON
      Déléguée générale (Rome)

DÉLÉGUÉE DU PRÉSIDENT :
   Marguerite du BORD, en Suisse

CONSEILLER LITTÉRAIRE :
   Maître Lilia-Aparecida PEREIRA DA SILVA
      Déléguée générale (São Paulo)

ASSESSEURS :
   Maître Ana Maria LISBOA MORTARI, à São Paulo
   Iracema KAJIMOTO, à São Paulo
   Neide Ferreira TURRA, à São Paulo
   Olavo SOARES, à São Paulo
   Marcel MEEUS, à Saint-Maur-des-Fossés
   Fabrice MEEUS, à Saint-Maur-des-Fossés

PUPILLES :
   Rodrigo SANTOS DA ROCHA LOURES, à São Paulo
   Izabela SANTOS DA ROCHA LOURES, à São Paulo
   Larissa SANTOS DA ROCHA LOURES, à São Paulo
   Carlos Alberto TURRA, à São Paulo

Dans la même collection
FR ISSN 0081-072X

OUVRAGES DE CLAUDE COTTI

OUVRAGES DE CLAUDE COTTI

Dernières parutions

Quai de Ville neuve
Illustrations de l'auteur.
ISBN 2-85305-056-4

**Dictionnaire de composition
poétique française classique**
Illustrations de l'auteur,
de Marcel Meeus,
de Fabrice Meeus
et de Marguerite du Bord.
ISBN 2-85305-076-9

Et cetera
Illustrations de l'auteur,
de Rosa-Maria Donato
et de Lilia-A. Pereira da Silva.
ISBN 2-85305-058-0

Quelques vers à l'escale
Illustrations de l'auteur,
de Rosa-Maria Donato,
de Lilia-A. Pereira da Silva
et de Marguerite du Bord.
ISBN 2-85305-059-9

Odes en quinconces
Illustrations de l'auteur,
de Rosa-Maria Donato,
de Lilia-A. Pereira da Silva,
de Marguerite du Bord
et d'Iracema Kajimoto.
ISBN 2-85305-062-9

La Lyre et la Flûte
Illustrations de l'auteur,
de Rosa-Maria Donato,
de Lilia-A. Pereira da Silva,
de Marguerite du Bord,
et d'Iracema Kajimoto.
ISBN 2-85305-063-7

Hymne au Multiple
Illustrations de l'auteur,
de Rosa-Maria Donato,

de Lilia-A. Pereira da Silva,
de Marguerite du Bord,
d'Iracema Kajimoto
et de Neide Ferreira Turra.
ISBN 2-85305-064-5

Mots d'ailleurs
Illustrations de l'auteur,
de Rosa-Maria Donato,
de Lilia-A. Pereira da Silva,
de Marguerite du Bord,
de Neide Ferreira Turra
et d'Olavo Soares.
ISBN 2-85305-065-3

Pour quoi pourquoi ?
Illustrations de l'auteur,
de Rosa-Maria Donato,
de Lilia-A. Pereira da Silva,
de Marguerite du Bord,
de Neide Ferreira Turra
et d'Olavo Soares.
ISBN 2-85305-066-1

Les Heures et les Douzaines
Illustrations de l'auteur,
de Rosa-Maria Donato,
de Lilia-A. Pereira da Silva,
de Marguerite du Bord
et d'Olavo Soares.
ISBN 2-85305-067-X

Sous l'anneau de Gygès
Illustrations de l'auteur,
de Rosa-Maria Donato,
de Marguerite du Bord,
de Lilia-A. Pereira da Silva,
d'Iracema Kajimoto,
de Neide Ferreira Turra,
d'Olavo Soares,
de Carlos Alberto Turra,
de Rodrigo, Izabela et
Larissa Santos da Rocha Loures.
ISBN 2-85305-068-8

OUVRAGES DE CLAUDE COTTI

Dernières parutions (suite)

La Parabole des Soleils Perdus
Illustrations de l'auteur,
de Rosa-Maria Donato,
de Marguerite du Bord,
de Lilia-A. Pereira da Silva,
d'Iracema Kajimoto,
de Neide Ferreira Turra,
d'Olavo Soares,
de Carlos Alberto Turra,
de Rodrigo, Izabela et
Larissa Santos da Rocha Lourès.
ISBN 2-85305-069-6

Par les soins d'Imhotep
Illustrations de l'auteur,
de Marcel Meeus,
de Rosa-Maria Donato,
de Marguerite du Bord,
de Lilia-A. Pereira da Silva,
d'Iracema Kajimoto,
de Neide Ferreira Turra,
d'Olavo Soares,
d'Ana Maria Lisboa Mortari,
de Fabrice Meeus,
d'Izabela et Larissa Santos
da Rocha Lourès.
ISBN 2-85305-071-8

Des fleurs pour Callisto
Illustrations de l'auteur,
de Marcel Meeus,
de Rosa-Maria Donato,
de Marguerite du Bord,
de Lilia-A. Pereira da Silva,
d'Iracema Kajimoto,
d'Ana Maria Lisboa Mortari,
de Fabrice Meeus,
d'Izabela et Larissa Santos
da Rocha Lourès.
ISBN 2-85305-072-6

Le nœud de Gordias
Illustrations de l'auteur,

de Marcel Meeus,
de Rosa-Maria Donato,
de Marguerite du Bord,
de Lilia-A. Pereira da Silva,
d'Iracema Kajimoto,
de Neide Ferreira Turra,
d'Ana Maria Lisboa Mortari,
d'Olavo Soares,
de Fabrice Meeus,
d'Izabela et Larissa Santos
da Rocha Lourès.
ISBN 2-85305-073-4

Iambes aux cris d'Erato
Illustrations de l'auteur,
de Marcel Meeus,
de Rosa-Maria Donato,
de Marguerite du Bord,
de Lilia-A. Pereira da Silva,
d'Iracema Kajimoto,
de Neide Ferreira Turra,
d'Ana Maria Lisboa Mortari,
d'Olavo Soares,
de Fabrice Meeus,
d'Izabela et Larissa Santos
da Rocha Lourès.
ISBN 2-85305-074-2

Par la Matière et par l'esprit
Illustrations de l'auteur,
de Marcel Meeus,
de Rosa-Maria Donato,
de Marguerite du Bord,
de Lilia-A. Pereira da Silva,
d'Iracema Kajimoto,
de Neide Ferreira Turra,
d'Ana Maria Lisboa Mortari,
d'Olavo Soares,
de Fabrice Meeus,
d'Izabela et Larissa Santos
da Rocha Lourès.
ISBN 2-85305-075-0

OUVRAGES DE CLAUDE COTTI

Dernières parutions (fin)

D'un cheveu de Neptune
Illustrations de l'auteur,
de Marcel Meeus,
de Rosa-Maria Donato,
de Marguerite du Bord,
de Lilia-A. Pereira da Silva,
d'Iracema Kajimoto,
de Neide Ferreira Turra,
d'Ana Maria Lisboa Mortari,
d'Olavo Soares,
de Fabrice Meeus,
d'Izabela et Larissa Santos
da Rocha Lourès.
ISBN 2-85305-077-7

Réjouis-toi, myste !
Illustrations de l'auteur,
de Marcel Meeus,
de Rosa-Maria Donato,
de Marguerite du Bord,
de Lilia-A. Pereira da Silva,
d'Iracema Kajimoto,
d'Ana Maria Lisboa Mortari,
d'Olavo Soares,
de Fabrice Meeus,
d'Izabela et Larissa Santos
da Rochas Lourès.
ISBN 2-85305-078-5

Il y eut la lueur...
Illustrations de l'auteur,
de Rosa-Maria Donato,
de Marguerite du Bord,
de Lilia-A. Pereira da Silva,
d'Iracema Kajimoto,
de Neide Ferreira Turra,
d'Ana Maria Lisboa Mortari,
d'Olavo Soares,
de Fabrice Meeus,
d'Izabela et Larissa Santos
da Rocha Lourès
et de Carlos Alberto Turra.
ISBN 2-85305-079-3

Le verbe dénombra
Illustrations de l'auteur,
de Rosa-Maria Donato,
de Marguerite du Bord,
de Lilia-A. Pereira da Silva,
d'Iracema Kajimoto,
de Neide Ferreira Turra,
d'Ana Maria Lisboa Mortari,
d'Olavo Soares,
de Fabrice Meeus,
d'Izabela et Larissa Santos
da Rocha Lourès.
ISBN 2-85305-080-7

Le singe qui a dit : non !
Illustrations de l'auteur,
de Rosa-Maria Donato,
de Marguerite du Bord,
de Lilia-A. Pereira da Silva,
d'Iracema Kajimoto,
de Neide Ferreira Turra,
d'Ana Maria Lisboa Mortari,
d'Olavo Soares,
de Fabrice Meeus,
d'Izabela et Larissa Santos
da Rocha Lourès.
ISBN 2-85305-081-5

Ouvrages préfacés par CLAUDE COTTI

ALICE COTTI

Sans perdre mon latin
Illustrations de Claude Cotti.
ISBN 2-85305-021-1

Nouvelles du Pays
Illustrations de Claude Cotti.
ISBN 2-85305-022-X

Poing à la Ligne
Illustrations de Claude Cotti.
ISBN 2-85305-023-8

Et pourtant elle tourne
Illustrations de Claude Cotti,
de Rosa-Maria Donato
et de Lilla-A. Pereira da Silva.
ISBN 2-85305-055-6

LILIA-A. PEREIRA DA SILVA

Fleurs de Lilia
Illustrations et Adaptation de
Claude Cotti.
ISBN 2-85305-025-4

Credo incroyable
Traduction et Adaptation de
Claude Cotti.

Illustrations de l'auteur,
de Claude Cotti,
de Rosa-Maria Donato,
d'Iracema Kajimoto,
de Rodrigo, Izabela et
Larissa Santos da Rocha Lourès.
ISBN 2-85305-061-0.

ROSA-MARIA DONATO

Palette Calabraise
Illustrations de l'auteur
ISBN 2-85305-026-2

MARGUERITE DU BORD

Julien des Deux Vallées
illustrations de l'auteur et de Claude Cotti
ISBN 2-85305-060-2

PRÉFACE DE L'AUTEUR

*L'homme est fait pour la recherche
de la vérité,
et non pour sa possession.*

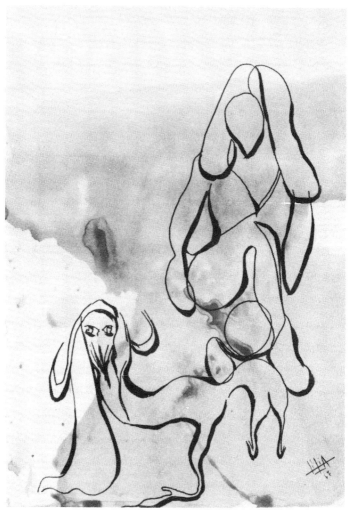

Lilia-A. Pereira da Silva : *anciennes mutations génétiques
(hybrides monstrueux).*

PRÉFACE

1. *En présentant ce nouvel ouvrage, Le Singe qui a dit : non !
je reprends encore une fois le thème éternel de l'homme et de la
vie, sujet essentiel, le seul qui compte, et que toutes les formes
d'art, toutes les expressions de recherche, toutes les sciences et tout
l'esprit humain ne peuvent que cerner éternellement, s'ils ne veulent pas passer à côté de leur sujet, de leur savoir, de leur talent.
Oui, en dehors de cela, tout n'est que digression et ignore la quid-
dité de l'homme, l'hæccéité de l'esprit, comme le mouvement du
cosmos : qu'on se dise bien que l'ubiquité d'une particule sans masse, au sein d'un atome, ce n'est pas que de la chimie, de la physique, c'est aussi tout le mysticisme, toute la poésie du monde, dont
nous n'apercevons autrement que la partie émergée et superficielle,
comme celle d'un iceberg, dont le tréfonds non exondé est beaucoup plus important.*
2. *On peut rire des mathématiques, chez un poète, au profit de
l'inspiration dans le vague, mais l'inculture n'est pas un art, et les
mathématiques sont la poésie même, comme elles sont la musique,
arts du Nombre en soi s'il en fut, chants créateurs par l'idée dis-
ciplinée en mesure, définition qui pourrait convenir à tous les arts,
toutes techniques, toutes sciences, définition qui écarte les igno-
rants, mais un auteur ne peut pas être ignorant, par cas extrême
il doit savoir instinctivement, sinon c'est un imposteur.*

3. Pas d'art sans technique, depuis l'origine même. Le problème de l'origine, nié par toute science momentanée, qui n'y voit que sa propre origine, non l'origine véritable beaucoup plus lointaine, reprise par séquence, dont le début de la nôtre ne peut servir d'origine, ce problème, donc, se laisse percer chaque fois que la science en place, sempiternellement négatrice de progrès par tradition, au nom d'un bon sens figé, soutenue ou non par la religion du moment, recule, comme toujours, après avoir si possible brisé les novateurs. C'est d'une banalité révoltante, de tous les temps et de tous les pays, passés, présents, futurs.

4. Ainsi notre Préhistoire n'est-elle que la Posthistoire d'une Histoire où la civilisation technique a disparu, broyée par les grandes glaciations (1), et ce que nous tentons en réalité, de nos jours, c'est d'atteindre de nouveau à ce niveau perdu, que nous percevons, sous le ridicule de la négation de l'ancienne existence de l'Atlantide et autres, malgré les religions et les mythes qui présentent ce qu'ils ont su à l'origine de façon inepte, pour des peuples déjà incultes et ne comprenant plus, face à la défaite des derniers civilisés, hélas querelleurs (guerre des dieux).

5. La dérive des continents, qui déboîte bien la pointe du Brésil du golfe de Guinée, laisse assez voir le creux Floride-Bahamas face au creux Espagne du Sud-Maroc du Nord, dont l'ensemble, rapproché avant la dérive, donne bien un ovoïde au sein du continent unique primitif, c'est-à-dire l'Atlantide effondrée comme d'autres sous la montée des eaux due à la fonte des glaces, après la grande glaciation destructrice. Pourquoi le nier ? Dans les grottes à peintures préhistoriques, la fumée des torches n'a pas noirci les voûtes. Pourquoi ?

S'il restait des lampes électriques, et des piles, il n'y avait plus d'ingénieurs pour les entretenir, et, une fois hors d'usage, on les a jetées dehors où les intempéries les ont fait disparaître. Et puis, quand on en retrouve, on le nie, même face à des peintures repré-

---

(1) L'Empire des Ouigours, détruit pendant la guerre des dieux qui provoqua le déssèchement du Gobi, est à l'origine d'une civilisation arctique qui envahit l'Inde (mythologie des Védas), et aussi la Scandinavie (mythologie du Nord).

Claude Cotti : *les anciens Égyptiens ont créé le chat par mutations.*

sentant lampes et câbles, découvertes de maquettes d'avions qui peuvent voler comme des jouets d'enfants, toutes choses qui se sont vues en Égypte, en site ancien.

6. De même des hommes et des femmes gravés sur pierre et habillés comme nous, qu'on nous cache généralement, à une exception près faute de mieux, une femme avec un complet pantalon, chapeau et chaussures, préhistorique à souhait, et dont l'écriture, hors de notre temps, et à décompter par tranches de dix mille ans si on tente la recherche, est dite graffiti !

7. Tout indique l'existence de la Primhistoire, comme des Pouvoirs réels de la parapsychologie. Le général Patton se souvenait de ses vies antérieures, ce qui lui permettait, pendant la Première Guerre Mondiale de reconnaître tel site qu'il n'avait jamais vu, jeune officier instructeur, de sa vie, car il avait porté les armes pendant la Guerre des Gaules, au temps de Jules César au cours d'une existence antérieure. Sainte Thérèse d'Avila, quand elle ne se maîtrisait pas, était douée de lévitation et s'élevait en l'air, avant de redescendre tout bonnement. L'amiral Byrnes, ayant survolé l'Antarctide, l'aperçut un moment à une autre époque, par suite d'une distorsion de temps, époque sans doute antérieure à la glaciation étant donné la population et les troupeaux qu'il pouvait décrire, avant que la Porte spatio-temporelle ne se referme.

8. Des astronautes américains ayant atterri sur la Lune, alors qu'ils conversaient par radio avec leur base de Houston, entendirent soudain, et la Terre entière, jusqu'à ce que l'émission soit déviée en un bureau secret de Houston, une voix humaine parler en une langue inconnue. Si c'est du vieux Phénicien (langue de Sanchoniathon), antérieur au Phénicien antique classique (alphabétique traditionnel), quelqu'un disait : ah ! quand donc ceux-là vont-ils nous laisser tranquilles !... Combien y a-t-il de bases, extraterrestres ou autres, sur la Lune ? Telle est la question. Les anciens maîtres n'ont pas tous disparu. De prétendus dieux sumériens, hommes et femmes, nos ancêtres par hybridation avec notre humanité, n'ont pas forcément tous abandonné : s'ils sont à l'origine de notre culte majoritaire actuel, devenu messianique, cela ne les a pas empêchés d'utiliser des couloirs de translation pour bénéficier de distorsions de temps et ne pas trop vieillir, telles Ninoursag, vierge, et mère

grâce à des implants génétiques (prétendu mystère de l'incarnation), Inanna, qui avoue être descendue aux enfers, donc être revenue de l'Ailleurs, univers parallèle, et qui, remplacée par Ishtar, Astarté, la Lune, indique ainsi son lieu de séjour (dans un cratère géant aménagé, Platon ou un autre, sous dôme étanche). (1)

9. Ce sont des questions sérieuses qu'il faut se poser au lieu de me prendre pour un cuistre ; qu'importe si j'avais mal vu tel détail, ignoré tel autre, soutenu de bonne foi une erreur en passant, c'est l'ensemble qu'il faut voir, et l'ensemble est vrai, et n'est pas accepté actuellement. Or, ces gens, de Sumer, d'Amérique précolombienne ou d'ailleurs, voire d'une continent disparu, ayant laissé pour l'avenir un legs technique en Égypte, au Tibet ou autre part, legs non découverts, c'est-à-dire non admis par l'inculture officielle baptisée science, et par la religion impuissante, ces gens, donc, dieux par notre ignorance, mais hommes et femmes réels, sont à l'origine de notre blocage mental, leur œuvre, baptisée Morale, avec quoi ils nous ont domestiqués. Mais l'implant va se détruire, le temps viendra, à partir de l'ère du Verseau les pouvoirs de l'esprit reviendront.

10. Aujourd'hui, il est trop tôt pour le dire, mais moi, savant authentique et autodidacte rejeté, sans diplôme, je n'ai rien à perdre, et je dis tout, parce que je suis persuadé que la masse peut comprendre, si on ne la méprise pas, et si on l'instruit. Charlatan comme Galilée, j'ai fait ou vérifié tous les calculs moi-même, et mes œuvres antérieures en témoignent. J'atteste que c'est la vérité. Je ne hais personne, et même, je pense que les gens en place tomberont de moins haut, au jour de vérité, si un livre comme celui-ci prépare quelques-uns à comprendre le contact essentiel qui aura lieu, comme il a jadis eu lieu, car les anciens maitres reviendront, sous une forme ou sous une autre, et il ne faudra pas alors, sous croyances érronnées, rester toujours les barbares imbéciles, mais, comme toutes les intelligences du cosmos, assumer son destin.

CLAUDE COTTI
Président de la Société Académique
des Arts Libéraux de Paris

(1) Le cratère Platon semble être un astroport, étant donné son activité, mais il n'est pas le seul. Il doit y avoir des pistes comme à Nazca (Pérou antique), en plusieurs cratères lunaires, comme il y en eut en Mésopotamie et ailleurs sur Terre.

Fabrice Meeus : *le premier sédentaire : le buffet, enfant de deux malles !*

LE SINGE QUI A DIT : NON !

Il est un lac profond, des pleurs alimenté,
Au pays des aïeux qui veut notre prière,
La plus grande douleur n'y tiendrait pas entière,
Mais le plus lourd chagrin n'a jamais sangloté.

CLAUDE COTTI

Larissa Santos da Rocha Lourès : *chaîne de générations tératomorphes.*

LE SINGE QUI A DIT : NON !

I

La horde s'avançait, issant du fonds sans âge,
Son lent balancement prognathe sans espoir
Disant le ciel morose au morne paysage
Moite, et le ciel cuivré pleurait sans s'émouvoir
L'arbre tôt foudroyé du grand singe qu'apeure
Le lourd tonnerre né de l'infini maudit,
Hors du nid verdoyant où la Vie eut son heure,
Par la photosynthèse, et le geste prédit
Au souvenir confus apparu comme un rêve,
Au premier temps du monde, en ce Lieu qui le sait,
En ce Moment furtif qui n'accepte la trêve
Où le continuum, en prime, se pensait !
Mais rien de tout cela n'aheurtait le primate,
Sûr de sa solitude, et qui se dressait, droit
Autant qu'il le pouvait, courbé par le stigmate
D'être le quadrumane, impotent hors l'étroit
Tronc qui vit sa naissance et fut sa cathédrale,
Et son premier pilier, sa voûte, son repos ;

Or, depuis quelque temps, d'une fureur astrale,
Venu de cette étoile apalie à propos,
Descendait du nadir en sa force brutale
L'extraterrestre, maître où Lumière est le vent,
Pour devenir un dieu, par la gloire fatale,
Avec ses compagnons. Que la paix soit souvent !

II

Hélàs ! D'un paradis, station génétique,
L'extraterrestre Dieu dota l'humanité,
Pour cloner l'être humain avec lui, frénétique
Cherchant de par le sort en soi la vérité,
Pour vaincre son désir avec sa déchéance.
Ores, ayant commis les hybrides sacrés,
D'âpre Création formant son ignorance
Centaure, Minotaure, ou Faunes des fourrés,
Qu'il dut exterminer pour vaincre leur colère
D'être les demi-dieux, moitiés d'homme vraiment,
Issus de l'animal et du dieu sans repère,
Ce dernier, pour calmer son éternel tourment
D'avoir métis humain hybride de sa race,
Prit d'un couple terrestre un germe qui ne ment,
Tout fécondé. L'implant, pour grossesse vorace,
D'utérus de déesse eut le Temps pour ferment,
Vierge-Mère devint la femme extraterrestre,
En une hiérogamie est né d'homme le Fils,
Ce n'est pas un mystère au paradis rupestre,
D'où tous devaient s'enfuir pour les Aménophis
A venir. Mais un traitre a dit science à l'homme
Vil serpent, de son arbre il a prêché le fruit,
La discorde en garda le désir de la pomme,
Et le dieu, dépité, n'en vainquit que le bruit.

III

Au début, l'homme était, tel le mulet, stérile,
Car c'était un métis, né du sang de son dieu,
L'androgyne en sortit, peu à peu plus habile,
Mais son hermaphrodisme eut enfin son adieu,
Car le sexe divers créa la mort acerbe,
Puisque le germe, seul, en son éternité,
Garda le souvenir de l'homme-dieu superbe,
Reparti de dépit de voir la vérité
Percer grâce au Serpent, ce vendeur de la mèche
Où se cachait l'orgueil du vieux maître vaincu ;
Le Lucifer chatié n'eut plus son ombre fraiche,
Et son cri, plus jamais, n'est fier d'être vécu,
Mais la guerre des dieux qui vit cette défaite,
En le faisant démon, atomisa l'humain,
La Terre ne fut plus que ruine stupéfaite,
Et l'homme se cacha, pour vivre son demain
Loin de l'atome rouge, en la morne caverne,
Cependant que la glace envahissait l'horreur,
Car le soleil, caché par la poussière terne
De la destruction, était pâle de peur ;
On eut beau l'adorer, symbole de l'ancêtre
Que son crime cacha. Mais il nous le rendit,
Déblayant le nuage, et dictant pour le prêtre
Sur les Pierres la Loi sans quoi l'on est maudit.

IV

Cela recommença, par toutes périodes
Qu'alternent glace et chaud par l'atome implosé,
Par le cycle cosmique et par les épisodes
Où toute panspermie active un crime osé.
L'extraterrestre-dieu vint au Tigre prodigue,
Où l'Euphrate mêlé connut son paradis,
Il vint aussi, géant, sur le Pérou qu'intrigue
La piste de Nazca, qu'adora le pays,
Ninoursag de Sumer, Oréjona sur l'Ande,
Sont même Vierge-Mère, en l'incarnation
De l'implant fécondé du couple humain, provende
De notre humanité pour l'autre nation.
Venus de l'Atlantide et de Mu, qu'on décripte
Au souvenir meurtri comme Livre des Morts,
L'extraterrestre en fuite aborda sur l'Égypte,
Quand il eut du Déluge assouvi ses remords,
Par le nom d'Osiris qui régnait sur l'Atlante,
Et connut Passion christique en Atlantis,
Son fils Horus au Nil somma son épouvante
En blason retaillé de falaise jadis,
Léguant du souvenir la forme pyramide,
Et le nombre deux mille deux cent soixante huit,
Dont s'inspire le Cycle à travers l'astre avide,
Qui fuit, produit chimique et dieu par son transit.

V

Le Cycle qui s'incruste est d'abord le Grand Nombre,
Issu d'Un, la Substance, hostie, implosion,
Multiple d'incréé, vainqueur de Lueur sombre,
Qui possède l'Esprit, en son Illusion ;
Le Deux forme le couple où l'Un-Dieu se copule,
Car tout a son contraire où l'idée a Raison,
Le sexe est le désir manichéen qui brûle,
L'animal est en chasse un moment, la prison
De l'Homme en son Eros est sa vie éternelle,
Comme pour Pharaon issant des Deux Confins
L'akh est son âme astrale, et le ka la révèle,
C'est son esprit, vecteur des débuts et des fins,
Mais non le ba, mémoire où l'âme se pénètre
De l'Eros androgyne à l'ombre du Grand Trois,
Ainsi la trinité sans dogme est la fenêtre
D'où le tissu cosmique impulse ses étroits,
D'âpres Dimensions hors Espaces vont naître
Sans Temps, et le géon se propage hors l'Un,
Quatre, Cinq, Six et Sept des Coniques vont mettre
La section au monde, et malgré le chef Hun
L'herbe repoussera. Dans la Horde profonde,
Où toute humanité tel jour se reverra
En la régression qui sait la gloire au monde,
Un singe a crié : non ! C'est l'Homme qui sera !

Marguerite du Bord : *le serpent, le dieu, l'homme, la femme et l'arbre.*

VI

PREMIER INTERLUDE : L'ADAM

Néanderthalien prognathe en ma rancune,
Avec ma femme ayant produit le Cro-Magnon,
Cet ovule implanté, travail de maquignon,
Dans l'utérus meurtri de la déesse brune,
Moi, l'homme, singe encor courbé, toujours grognon,
J'ai crié non au dieu, sans déchiffrer son rune.

Qu'importe sa Lumière au solstice trompeur,
Sa Croix, qui courbe un ciel, Un plus Deux, par l'espace,
Pour expliquer le temps de son astre vorace,
En le retournement dont le cosmos a peur,
Puisque l'Un, toujours Lui, fomente une autre trace
Pour le couple suivant, plus Deux d'Impair en pleur !

Le Serpent me l'a dit : insulté du vocable,
Celui-là ne m'a pas traité comme animal,
La pomme est le fruit mûr du Bien comme du Mal,
En l'Incarnation. Mon implant révocable
Prouve que le dieu triple est l'homme ; c'est normal,
Car l'Élément Premier, sans Face est insécable.

Tout procède de lui. Je crie et j'ai raison,
Dans la diversité l'unité reste unique
En son tout, mon idole est vérité tragique,
Qu'importe le désir du mortel horizon !
J'ai dit non ! Vierge-Mère est pour l'Enfant inique,
De ma femme le sein est lourd de trahison...

VII

Le Temps n'est pas l'horaire où le Moment s'écoule,
Il passe plus ou moins, dans un autre au-delà
Qui n'est qu'un autre ailleurs, une planète où roule
Une autre humanité, dont Passage est le la
De Temps en Temps, écho qui transgresse notre âge,
La Durée est le temps qu'existe chaque objet
Par rapport à lui-même, en tous Temps, hors l'usage,
De même que l'Espace est comme le projet
Où s'en vol l'Étendue, en courbure conique,
La bilocation d'hyperbole est Moment
Où le parabole en deux, tel ribonucléique
Acide, se réplique, et corps astral ne ment
En son ubiquité, comme électron fugace,
Photon grain de lumière, onde du même Instant,
Le Moment n'est le Lieu d'aucun corps en l'Espace,
De tous les Temps il est, sans Masse il est constant
En Soi, la particule est son vecteur sur l'onde
Digitée en l'horaire ; ô Singe qui dis non,
Tu fus le premier dieu sur la Terre féconde,
Echo de Lucifer contre l'Homme en renom
Venu d'Ailleurs, enfin nomme le Phénomène,
Crée ! Et Succession en Soi dira le Vrai,
Tout est Écoulement, sinon Rien ne nous mène,
Co-naissance est au bout du cri, l'Un est un rai.

VIII

L'onde, une en son multiple, est donc l'Un qui s'incarne,
L'Un-Point plus Six en l'astre est tout le Mouvement,
Où l'Incarnation, en l'éon-dieu s'acharne,
Tels gaz, plasma, cristal, silice, rien ne ment,
Carbone, appelé vie en notre orbe où se gerbe,
Par la Rédemption métempsycose en fin,
Après Rémission, mort physique où le Verbe
Redonne co-naissance, et Connaissance au sein
Du vecteur incrusté dans l'Espace en Vitesse,
Ô Temps ! Toute vitesse, en les Dimensions,
Est Figure où le Temps mesure petitesse
Aux vecteurs imparfaits des infinis sillons,
Qui connaissent l'abscisse, et non pas l'asymptote,
Puisque l'Un se retourne au Point sur l'infini,
Pour n'être pas zéro, sont Tout, son antidote ;
Scissipare le Deux, multiple, est impuni
Quand il redonne l'Un, la parthénogénèse
Est l'avant-goût de mort en sexualité,
L'individu-vecteur innocente genèse,
Mais il n'est plus le dieu ; l'onde, en réalité,
Intègre l'avenir où, par néguentropie,
L'Antimoment est courbe où s'évite zéro,
Le radio transfert pourvoit où l'ordre épie
La Matière, en nature où technique est écho.

IX

Aux temps dits sans Histoire, il était alchimie
Pour expliquer Substance en la mutation,
La science de Tout en physionomie
Était pour l'alchimiste, et l'autre notion
Qui disait l'univers avant chronologie,
Astrologie était, au tissu du cosmos
Détroussant l'avenir à l'onde sans magie ;
Si l'influence astrale est un fameux naos,
La radiation, que radioactive
La masse planétaire, intègre l'avenir
Au Moment d'Inertie où notre Forme est vive,
Et le conique fait le retour pour unir
Le tout. Et Vie et Mort sont en néguentropie,
Face au Rien entropique ! Un sous-continuum
A plus d'un écliptique où subespace épie
Notre bras de Soleil, notre vade mecum,
Tel bras de galaxie où tourne la spirale
Au creux d'hyperespace au plus vaste miroir,
Pour plus d'une structure. En sa ferveur fatale,
Vieille Arche d'Alliance en disrupteur fit voir
Son usage, et Nouvelle au ciel est satellite,
Mais la Pensée emporte, en l'Espace, en le Temps,
L'Idée, ô tachyon, psychon ; l'éon s'évite
A l'orbe où le foyer, Homme, est ce que tu tends.

X

Dans l'espace infini parcouru de lumière,
Chaque rayon cosmique est un flux propulseur,
Ionique ; astronef en capte l'onde entière,
Et les Vents du cosmos ajoutent leur ardeur
Aux photons, que l'on broie en moteur magnétique,
Utilisant la force où l'univers est né ;
Matière-antimatière est le choc énergique
Où toute particule, en son bris destiné
A faire impulsion, pousse astronef antique
Et moderne. En l'esprit est une autre vigueur
Par la télépsychie, où bris aussi réplique ;
Le double se déplace en pensée, à son heur,
Si le corps ne suit pas, n'étant que faible écorce,
Le vecteur d'infini fait asymptote au Temps,
Sur l'Espace courbé d'où la droite s'amorce
Et ne reste pas telle. Ailleurs est le printemps
Qui bascule au zéro pour l'Un, qui va multiple,
Isis, Isolde, Iseut par Primhistoire a nom,
C'est la Reine, elle est Mère, et Vierge est son périple,
La Résurrection l'assure en son chaînon,
Au nom du Fils, l'Enfant qu'éternité lui donne
Comme Rédemption de l'Homme en Cro-Magnon,
Non de Néanderthal, dont le non seul résonne,
Du singe né, mais Père en le premier sillon.

XI

La Croix est bien le Lieu que Mouvement contemple
En le Retournement, par la Dimension
Qui verse en la suivante, et l'Espace est un temple
Dans le Mot. L'Émergence en est la mention,
Quand passe synergie en Vitesse Promise,
Terre, ô port. Cependant, Forme telle cristal
S'indure, exosquelette où l'insecte a sa mise,
Endosquelette enfin, pour l'Homme en son étal.
Le Nombre, d'une Vie, en trame l'apparence,
Son chiffre, nucléique, en dit le fondement
Qui vient d'Un. Le dieu Seul, innommé dans sa transe,
Reprend la Croix pour l'Homme, alchimie en tourment
Qu'extraterrestre dieu s'annexe en sa souffrance
Pour survivre, quand tourne une ombre à son destin,
Au Pérou débarqué, comme à Sumer ; l'enfance
Du châtiment d'orgueil le porta d'un matin
D'Atlantide en Égypte, au Delta du Nil blême,
De Mu vers Thébaïde, en Haute-Égypte ainsi
Qu'il est dit. Le Déluge, en ultime dilemme,
Fondant glaces du Pôle, et pour le dieu transi,
Noya tout, sauf Noé, tout comme Adam préface,
Mais de mort. L'avenir en data Temps qu'on a,
Le rameau d'olivier en est la verte face,
Il est plus d'un Noé pour l'arbre d'Athéna.

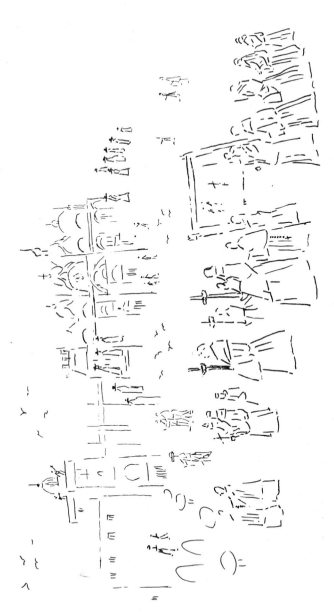

Rosa-Maria Donato : *l'Arche d'Alliance va du désert au Temple.*

XII

DEUXIEME INTERLUDE : HÉNOCH

Mon fils Mathusalem n'a pas vu ma détresse,
Qui fut longue pourtant. L'extraterrestre-dieu,
Moi, descendant de Seth par l'Adam sans adieu,
Je l'ai vu de nouveau, dedans sa forteresse
Volante, et transporté loin du cri, de l'épieu,
J'ai vu son satellite artificiel. Mais qu'est-ce ?

La race en est éteinte. En son ressentiment,
Le Seigneur se survit, prépare le Déluge,
Pour venger sa défaite où l'hybride transfuge
Trahit par le Serpent, ô Pomme qui ne ment.
Ainsi guerre des dieux ne fut pas un refuge,
En l'inhumanité de l'éternel Serment.

Banni de sa planète au flux de sa menace,
Il refera la guerre, et, pour venir ici
De nouveau, l'osera d'une colère aussi,
En son apocalypse où sa défaite trace
Conjoncture céleste à tout astre transi
D'écliptique brisant la vie au soin vorace.

J'ai peur. Le devenir, ô mon fils, est lointain,
Et tu vivras très vieux, légendaire en ton âge,
Je n'ai pas tout compris de l'immortel usage
Du dieu jaloux, cruel, qui vit notre matin,
Garde à ton descendant le peu qui reste sage (1),
Et l'Arche flottera, pour un autre destin...

---

(1) Louis XVIII, mourant, dit aussi à son frère et successeur Charles X, lui désignant le futur Henri V, petit-fils qui ne régna pas dudit Charles X : « Que Charles X préserve la couronne de cet enfant ! » (1824).

XIII

Ainsi le dieu créa le douceâtre androgyne,
Furtif au paradis, près du savoir secret,
Qui déboucha sur l'homme, en sa morne origine
De cavernes hurlant le bestial décret,
Oui, le métis stérile au survivant tragique
Légua l'humanité, par sexe et par combat,
Car qui se reproduit aime mort nostalgique
Du Temps où Co-naissance ornait le célibat.
Qu'en fut l'arbre ? Cellule advient de molécule,
Sinon dieu fait miracle en créant l'adamou,
Le centaure, le faune, où son sang véhicule
L'erreur extraterrestre et non l'éclair bref, mou
Quand l'onde hors de l'Un en Deux, Trois se retourne
Pour fixer en la Forme un Passage au choc dur,
Le Renouvellement près du Refus séjourne,
La Croix marque une Voie où le Destin est Mûr,
On ne le comprend pas, de cosmique plastique,
Mu gagna Haute-Égypte, Atlantide Delta,
C'est la Double-Couronne, où l'Horus est mystique,
La Pomme est le germen, Co-naissance dicta
Au Fruit d'Arbre Destin d'acide nucléique,
Le monde s'écoula des boutures d'Ailleurs
Sur nous, tous les implants, entes en mosaïque,
Apres Néanderthal, Cro-Magnon... Que de pleurs !

XIV

La Force en l'Harmonie est musique des Sphères,
Où l'Onde universelle indure le combat
De l'Etre et du Néant, binaire en nos affaires,
Où Forme Pyramide arbitre le débat
Pour l'Homme ; et demi-forme est cette pyramide,
Car la forme complète, heptaèdre, est un Tout,
Où l'Homme communique avec le monde avide,
Le cosmos ; heptaonde en devine le bout
Hors Temps, Dimensions. Osiris d'Atlantide,
Époux d'Isis, la Reine, aussi Père d'Horus,
Est un messie atlante au Cycle qui s'évide
Sur la Croix, incarnée au cosmique virus,
Parfois pour charlatan, illuminé paisible,
Car psychosomatique est l'évolution
Du désir incompris au savoir, illisible
En un Temps... L'Angle va, cristallisation,
Au Moment d'Inertie, et télétemporelle
Est la Force in-formée, en pièze est quartz vainqueur
Du Temps ! Par molécule est la suite immortelle
Vers cellule vivante, où minéral fut cœur,
Précédent le destin où le dieu par l'hybride,
Lui, titan, donna monstre issant de son passé,
Puis Néanderthalien, puis Cromagnonoïde,
Forniquant d'animal, ô Père compassé !

XV

Il doit bien exister, malgré tout cataclysme
Engendrant l'univers, et la destruction
Grâce à la conjoncture, appelée en son isthme,
Pour les astres géants, aussi conjonction,
Tout artificiels, les derniers satellites
Des ancêtres géants, les dieux d'avant le Froid,
Que la Glace engloutit, Atlantes, sous les mythes
Issant du vieux Déluge et du monde à l'étroit
Quand le Chaud reparut, au cycle qui progresse
Et puis plonge. Ces dieux, des découvertes morts,
Venus de Sirius ou d'Ailleurs qui se dresse,
N'ont légué qu'avenir à l'Homme, leur remords
Leur hybride, pour qui leur chef fit Lois en Table,
Car le Singe Savant, hors la Destruction
Gagna soudain l'Amour, en tout Temps véritable,
Et non plus sexe en chasse en institution.
Cela déconcerta le dieu de l'immuable,
Chimiques produits sont toujours les sentiments,
Mais ils sont provoqués, désormais, chose aimable,
Par le désir physique, et non l'Ordre en tourments
Bien réglés. Obsolète au chaînon hors de Force,
La Forme cependant passe au désir suivant,
Lorsque l'Amour meurtri saute un cran, qui s'efforce
D'être le Souvenir sans Temps, ni front savant.

XVI

Réincarnations s'avancent en leur chaîne,
Pour sauver notre Double en l'Esprit rédempteur
Qui s'oublie, et pourtant garde comme une traîne
Toute réminiscence, où Caïn fut menteur,
Tel un satan, maudit du dieu fat qui triomphe,
Et chasse l'autre race où la Croix sans linceul
Ferme Porte, car l'Onde est route chrysogomphe
Vers Dieu-Produit Chimique où l'Un reste le seul.
Absorbeurs d'onde en choc comme d'influx psychique
Hors Dimensions sont ; telle est Force sans Temps
Sans Espace, étant Tout : biopositonique
Active le circuit, chimie en sentiments,
Et titans, et tritons sont là pour tous les Ages,
Les murs cyclopéens virent bien des géants
Matant les tachyons pour cosmiques usages,
Matière répulsite aux cosmonefs béants,
Luminite impulsant Vitesse hors de Forme,
Pour déposer l'éon, géon qui ferme enfin
L'orbe du théosite, en soi surhomme énorme,
Dieu du corps, mais soumis en son ultime faim,
Au Dieu-Produit, nature est l'Un en hydrogène,
Comme le savait bien l'aïeul venu du ciel,
La lumière est moteur où cosmonef s'égrène,
Et la Barque s'enfonce au cri superficiel.

XVII

Le minéral toujours se meut, il est mobile,
Au front des cieux maudits, qui tournent l'astre en rond,
Ou qu'il mute, en l'atome, à l'onde tout fébrile,
Que radioactive un monde qui corrompt
Pour que la nébuleuse au loin forme spirale !
Le vivant, lui, ne fait vraiment que se mouvoir,
Accroissant sa cellule au codon qui signale
Mémoire par chimie ; il n'y a comme avoir
Que l'Évolution, unique Loi, suprême
Pour toute la Substance, y compris l'Onde où Temps
Isole la Pensée en âme où chacun s'aime,
Morceau du Tout, Espace à l'éternel printemps.
Illusion est Tout, l'Espace-Temps promène
La Grande Illusion : produit chimique, Esprit
Active ses fragments, nous tous, vers l'Un, qu'assène,
Avec son traumatisme, un dieu qui passe et rit,
Et se dit Dieu ! Toujours, l'Onde marque Fréquence,
C'est la Rémission, qu'on dit Rédemption,
Péché d'Etre, à-propos, que masque la Science,
Conique essaime éon, géon en section,
D'un Mouvement tranché. Seul est parfait le cercle,
Pyramide transmet, antenne du cosmos,
D'heptaèdre est l'Humain, l'obsolète couvercle
Cache au rayon le Tout, mais l'in-forme au naos.

Ana Maria Lisboa Mortari : *le désespoir du Père Noé.*

XVIII

TROISIÈME INTERLUDE : LE PÈRE NOÉ

Ut-Napishti servile aux fois sumériennes,
Ou bien fol embarqué du lac Titicaca,
Qui fut un bras de mer où l'Ande enfin craqua,
Je fus d'Oréjona des routes aériennes,
Comme de Ninoursag de Dilmun loin d'inca,
L'enfant dénaturé des haines prétoriennes.

Certes le gène avait meurtri mon fol implant,
La semence du dieu, pour que je sois pubère
Et non mulet stérile ainsi qu'en première ère,
Mais, n'étant plus un monstre, un esprit pâle et lent,
Le Serpent avertit mon ancêtre sur Terre,
Et je devins malin, perfide en ce relent !

Le Dieu n'a plus voulu, d'extraterrestre race,
Qu'on lui tienne ainsi tête en sa création,
Paradis génétique a vécu, notion
Perdue, et je serai seul en l'ultime trace,
Avec toute mon arche, et c'est ma ration,
Pour avoir supplié le Seigneur trop vorace.

Son Arche d'Alliance, il la redonnera
Au ciel de sa douleur flottant vers sa planète,
Moi, je n'ai pas la manne, où l'aide sera nette
En son futur pardon. L'arbre qui ne mourra,
L'olivier cher aux dieux, de sa branche jeunette,
A la colombe seule a dit que paix vaincra !

XIX

Le réel est d'abord illusion profonde,
Il est plus d'un Noé, d'un messie ou d'un dieu,
Chacun a vu le sien, unique sur son onde,
Et n'admet pas que l'autre ait vu d'Ailleurs l'adieu.
Pourtant, c'est bien ainsi ; le monde pluraliste
Obéit au Courant, mais réplique remous,
Constante de Ninive est un chiffre ubiquiste
Pour le Retour de l'Astre, ô Destin, que tu mouds,
Non pas pour tel Retour, unique en sa parade,
Non ! le Cycle revient... La Genèse est d'abord
Fruit psychosomatique, et ne montre sa rade
Qu'à celui qui le veut, sinon rien n'est à bord,
L'onde indure l'esprit, double du corps superbe,
Pour que l'humanité sorte de l'animal,
Invente Temps et sache où l'Espace est en gerbe,
Commande au sexe et non subisse, Bien ou Mal.
L'autre univers, le ciel, est celui des dieux, certes
L'enfer aussi, vaincu d'une religion,
Ô Culte, extraterrestre en Soi, tu déconcertes,
Venu toujours d'Ailleurs, avec la légion
Des savoirs ; il est vrait que le plus fort envoûte
Tout de bon, s'il a bien les Pouvoirs de l'Esprit,
La superstition peut dire vrai sans doute,
Si l'on sait la traduire où Science se prit.

XX

Manipulation du code génétique
Fit science autrefois, science d'avenir,
Avec tout le passé, le futur prophétique,
Créant un monde, inné pour tout le devenir ;
Et ce codon suprême au Temps mesure l'Onde,
Qui nait sensation, quand l'ère au cerveau dit
L'horaire ; et le Temps fuit, Conscience profonde,
Véhicule d'Espace, en le calcul prédit !
L'onde de sol, elle, est le courant tellurique,
Conduit matériel, prise de Terre, appel
De ligne dont l'influx passe un Temps nostalgique,
Morne apparition, du Présent le scalpel,
Emetteur-récepteur, même de l'égrégore
Qui ment, chargé de foule, et d'elle le désir
Maudit, par grotte. Écran protecteur s'élabore,
Contre influx de Matière, ou d'esprit, à loisir ;
Il est des transmetteurs qui sont unipolaires,
Sans autre en bout de ligne, en la réception
De substance : en leur Porte ils sont plus solitaires,
Dits fictifs, les passés en eurent Ration,
Les avenirs aussi, souvent il faut se taire,
Car l'Arche d'Alliance était un transmetteur
Électromagnétique, ainsi vint manne à Terre,
Et la gentilité fut prise, de stupeur.

XXI

Les gentils de la Foi divergent en leurs branches,
Ismaël est le fils d'Abraham tout autant
Que le fut Israël. Sous leurs djellabahs blanches,
Les Arabes sont Fils d'Ismaël, cependant
Que Mahomet descend, lui, le dernier phophète,
De la même origine. En pays de Sumer,
D'où tout partit, Anou fut dieu grand-père en fête,
Le premier Dieu le Père aux peuples d'outre-mer,
Son fils Enlil le fut en second, le Déluge
Est son œuvre, Enki fut le second fils d'Anou,
Il fut un Saint Esprit qui sauva le transfuge
Noé, car cet Enki ne pliait le genou,
Il avait en Ea l'ordinateur suprême
De la Terre, et son fils Mardouk fut Dieu le Fils,
Comme un premier Jésus triomphant quand on s'aime !
Inanna des enfers remonta tout gratis
Le pardon du destin, pour que tout recommence,
Extraterrestre objet de nos ressentiments ;
Pour les premiers Chinois, d'une auguste semence,
Le Souverain d'En-Haut, par Grande Ourse, en serments
Règne ici ; satellite est Soleil qui s'incline
Vers Sirius, Hercule, Ourse, Dèneb, Véga,
D'Inde ou d'Hyperborée, au Nord, l'apex devine
Le Surhomme, où l'Esprit, humblement, divagua.

XXII

Par Yi-King, cette bible antique de la Chine,
Tout le calcul binaire est là, Mutation
Qui fait l'acupuncture, et ce que l'on devine
En maladie, en sexe, en toute notion
(Le courant tellurique est Point d'acupuncture
De la Terre vivante, où l'aiguille est menhir),
L'hexagramme en le texte est l'exacte écriture,
Hexagramme où Leibniz retrouva son désir,
Tel qu'il l'avait décrit au fonds de sa doctrine ;
Telle est l'exactitude au rivage du Temps,
Car l'hexagramme est Six, et le Sept, sans vitrine,
Est l'Homme, dieu-démon, des sauveurs, des satans,
Les fouilles de Nippour,ô Mésopotamie,
Où, dieu, régnait Enlil, humain venu du ciel,
Ont donné, pour penser, à l'Amérique amie
Qui cherche dans ce sol ce que fut le réel,
Les tablettes, qui sont découvertes perverses
De l'homme extraterrestre ancien, ce créateur
De monstres, de géants, d'humanités diverses,
Et destructeur aussi d'autres, notre tuteur ;
Par lui le dinosaure est perdu sur la Terre,
Puis l'Atlantide aussi, quand fondit l'inlandsis,
Il ne maitrisa pas, depuis le Secondaire,
Sà rage, où les destins sont encore transis.

XXIII

Le Pôle se déplace, et balance la Terre,
Parmi ses Mouvements, d'âpres librations
A Fréquence très lente, et subite en son erre,
Catastrophique essor pour toutes nations,
Faisant fondre glaciers, noyant Mu, l'Atlantide,
Lémurie et j'en passe, après que la chaleur,
Alternativement, de son marais fétide
Eût embrumé la Terre au Temps de grande peur.
D'anciennes cartes sont toujours le témoignage,
Comme à Piri Réis il en échut un jour,
D'Hudson la Baie au Pôle avait donné mouillage,
Caspienne de l'Arctique était golfe en séjour,
Les vieux Védas de l'Inde en ont su la durée,
Ayant en Sibérie appris le Parthe fier,
L'Ouigour (1)... Vint Déluge et meurt Hyperborée,
Des dieux du Nord flambeau dès l'Age avant le fer,
Où se rendit Hénoch en machine volante,
L'île de Pâques n'eut plus Mu pour horizon,
Les géants, dans la pierre, ont perdu leur attente
Indéchiffrée, ô Signe où, de même saison,
S'était lu d'Harappa la semblable écriture,
Muette, sur l'Indus par radiations
Pendant Guerre des dieux. Le Message perdure
Par Mahabharata, hors d'Eaux en Stations.

---

(1) Voir note de la Préface page 16.

Claude Cotti : *le cosmonaute dit Dieu le Père parle à Moïse.*

XXIV

QUATRIÈME INTERLUDE : MOÏSE

Tel un nouveau Noé, l'eau me sauva, Moïse,
C'était une corbeille, et non l'Arche à tous vents,
Qui fut pour moi la Barque épargnée aux évents
De l'onde qui submerge où la Vie est sans mise
Et j'ai quitté le Nil aux flots noirs, émouvants,
Pour suivre un dieu jaloux sur la terre promise.

Jaloux, le dieu l'était, extraterrestre ardent,
Géant de notre race hybride dans son œuvre,
De flammes s'entourant presqu'à chaque manœuvre,
Dedans son astronef il me reçut, grondant
Par tout le Sinaï sans serpent, sans couleuvre,
Qu'il tuerait le perfide à ses lois impudent.

J'ai pris le Décalogue et l'Arche d'Alliance,
Transmetteur qui tua celui que le touchait,
D'électromagnétisme où l'art du dieu cachait
La force du passé comme sa suffisance,
Car il était bien seul, et son poing ne séchait
A l'ombre du Déluge où mourut son aisance.

Tout comme lui, ma race est en extinction,
Tout comme lui, je n'ai vécu sur terre sainte,
Dont mes espoirs meurtris espèraient tant l'atteinte,
Même guerre des dieux fit la sélection,
Je n'orrai de tambour où trompette ne tinte,
Sous l'ultrason les murs croulent en l'action.

XXV

Mais le Cycle est d'abord une force cosmique,
Cycle de l'univers aux constellations,
Cycle de la Matière, en son Temps qui réplique,
Radioactivant la Forme aux notions,
Pour qu'elle reparaisse, et Cycle de la Vie
Aux protides heurtant l'Inerte en son matin,
Pour qu'il indure Esprit, qu'il invente l'envie,
Sur l'onde dont l'éon compte l'heure au destin,
Jusqu'à ce que Substance in-forme encor l'atome
En Premier, après Tout, détruit comme il est dit.
L'ancien extraterrestre est rare, sous son dôme
Des sondes il envoie en soucoupes, crédit
De l'avenir passé. Ninoursag est venue
Comme au temps de Sumer, crédule Fatima
De cette Vierge-Mère eut la déconvenue,
En la distorsion de Temps qu'on n'estima ;
Phobos et Déimos sont creux, nefs de Genèse
Tournant autour de Mars comme le Temps perdu.
A Mohenjo-Daro, sur l'Indus, dans la glaise,
Comme en l'ancienne Chine en l'Age défendu,
On reconnaît le signe avec quoi dans son île,
Pâques nous écrivit : signes rongo-rongo
Disent que l'on traîna la statue indocile,
Science du géant n'avait d'alter ego.

XXVI

L'indéchiffré toujours finit par se comprendre,
Tel le rongo-rongo par site pascuan,
De la Crête l'écrit qui ne veut pas se rendre,
Idéogramme ou bien linéaire, en son an
Sur île de Minos ; et Nippour dont tablettes
Disent bien l'imposture, au paradis perdu,
Du dieu ! Par son œillère, une science en miettes
Nie encor vérité : naguère, il fut indû
De croire en Préhistoire et d'admettre, fossile,
L'homme ! oui, l'homme sauvage, habitant souterrain
Des grottes sans confort en leur pénonbre hostile !
Aujourd'hui, simplement, et par le même train,
L'homme primhistorique, antérieur à l'autre,
Et plus civilisé, se voit nié d'un trait,
Il exista pourtant, avant Glace où se vautre
L'incurie : on ignore un savoir fort, abstrait
Et technique, ayant bien dépassé nos prouesses !
Cet ancêtre qui fut l'hybride du faux dieu,
Vit celui-ci, chassant son frère sans richesses,
Le nommer diable, et puis, d'un éternel adieu,
Faire à l'Homme Morale, où n'est que cette guerre !
Andes, Égypte, Chine, Inde, Atlantide, Mu,
Mésopotamie, ont, par sept, dominé Terre,
Têtes de pont du ciel, dont l'Homme reste ému.

XXVII

L'homme d'inconscient collectif est l'antenne,
L'Homme-Sept, émetteur-récepteur, Tout vivant
Hors Temps-Espace en l'onde à fréquence certaine
Sur toute la Substance, où le monde est mouvant.
Ainsi survint Mardouk, cet astronef-planète,
Tiamat-Phaéton en périt, globe ardent
Par la guerre des dieux. Ceux qui, sur la sellette,
Furent chassés de Terre ont conservé la dent
Contre leurs vieux vainqueurs, d'une autre apocalypse
Ils veulent revenir, extraterrestre appel.
En trois mil six cents ans, par une longue éllipse,
Et par autre écliptique, il faut craindre en scalpel
L'âpre conjonction de Mardouk à son heure,
Pour un nouveau désastre. Atlantide avec Mu
Ont disparu déjà de la Terre qui pleure,
Cinq centres restent bien, comme à l'homme promu
Il n'est plus que cinq sens, plus de téléphathie,
De prémonition, de pouvoir de l'esprit
Par temporation, kinésie... Apathie
Délite notre force, où mémoire se rit
De nous, réincarnés au vent de l'amertume,
Et qui ne savons plus que nous avons vécu
Avant de naître au corps qui porte notre brume
Au Temps mort. Galaxie a vu son bras vaincu.

XXVIII

La conservation d'Énergie à la Masse
Est une fausse Loi, si glisse en autre Temps
Un fragment de la Masse, et si le Temps déplace
Un peu de l'Énergie aux Ages inconstants,
En son équivalence elle fait asymptote
A la Masse, ô Substance au rythme équipollent
Dans la Loi d'Équilibre en Matière pilote ;
Ainsi fait le virus filtrant, il est plus lent
Car la Vie est ainsi, l'autoreproductrice
Protéine est la Masse et l'Energie en Soi,
L'onde télépathique, aussi reconductrice,
Est l'enregistrement temporel en emploi,
Hors temporation, téléforce est multiple
En l'Esprit, la Matière a répliqué l'Objet ;
Isotope, fissile a divisé périple
De la Forme, et, fertile, il en fait autre jet,
Les isomères sont des bis d'autre Physique,
L'Espace-Temps dérape au milieu des doublons,
Dans son tréfonds interne, une Nature unique,
Vie ou non, est fertile ou fissile en filons,
L'Inerte est plus fissile, et pourtant glace gonfle
Hors bouteille, un virus scissipare a scindé
La Vie, où le fertile est mieux ce qui ne ronfle ;
Le singe qui dit non Homme est sans procédé.

XXIX

Mémoire éidétique est télétemporelle,
Vision paroptique à l'Espace est ainsi,
Les deux n'ont pas besoin de différentielle
Pour comprendre le Tout, par l'Esprit étréci
En Fonction. L'hybride, en son repli binaire,
Qui montre de son sang le calcul et l'erreur,
En avait bien besoin ; sa Force dégénère,
Mais sa Foi refusa l'infini qui fait peur,
Quitte à troubler le Nombre en son calcul énorme !
Le Moderne a voulu battre en ce point l'Ancien
Issu du premier Temps qui connaissait la norme,
Et l'Ère du Verseau marque que sera sien
Le Nombre, de nouveau, quelle qu'en soit la Forme,
Finie, ou l'infinie, au mythique Trajet,
Le Moi des Profondeurs veille au Passé qu'informe,
Au nom du collectif, l'inconscient par jet
Qui forme le Présent, le Futur qui s'apprête,
Dans une résurgence, à nourrir l'avenir :
Plus d'une vie en l'homme à la mémoire prête
Pour oublier, revivre, et savoir pour finir ;
Mémoire de matière aussi connait sa force,
Pour induire un présent de Forme de passé,
De futur ; le Léthé n'a qu'un temps, qui s'efforce
D'oublier, pour qu'on vive au mythe compassé.

Neide Ferreira Turra : *l'entrepôt, dit aussi paradis.*

XXX

CINQUIÈME INTERLUDE : ÉLIE

Tels d'autres avant moi, le maître extraterrestre,
Le dieu m'a dévolu quelque peu son pouvoir,
Oh ! si peu, seulement d'arrêter de pleuvoir
Quand le dieu concurrent, d'une fureur rupestre,
Le gênait, lui le Père, en comptant son avoir,
Vainqueur de ses rivaux, que son affront séquestre.

Bien sûr, il m'emmena dedans son astronef,
Comme le vieil Hénoch, ô soucoupe volante,
La roue en feu qui vint en son heure parlante
Pour d'autres aussi bien prophètes dans son fief,
Car il nous instruisit de parole brûlante,
Tout en nous cachant fort sa détresse en grief.

Mais il n'a pas vaincu, le dieu de jalousie,
Élisée après moi dira sous le manteau
Qui masque mon pouvoir et le sien par coteau,
Qu'il faut encor prier, hélas, hypocrisie,
Le cri de Jézabel menace mon linteau,
Et le Temple n'est plus qu'atroce frénésie.

Je monte en l'astronef et reviendrai plus tard,
Quand le ciel se fera plus humain aux planètes,
Le dieu me l'a juré, de paroles peu nettes,
S'il n'est mort d'ici là, mais, homme, il est vantard,
Futur messianique orra plusieurs défaites,
Car le peuple promis, du géant est bâtard.

XXXI

Les monstres ne sont pas des formes légendaires,
Qu'imagination créa, fausses de peur,
Tout a bien existé, par erreurs solidaires
Des anciens dieux créant la faune à leur stupeur,
Humains trop inhumains, aux essais génétiques
Défectueux, détruits aux paradis perdus,
Leurs stations, où vint, aux âges héroïques
La révolte, ô serpents, lucifers éperdus,
Compagnons du vieux chef qui ne voulaient qu'on berne
Plus avant, l'homme seul, en la religion,
Et qui furent damnés pour que l'on se prosterne !
L'humain ne resta pas au monde légion,
Trop décimé par dieux, qui tous nous abandonnent
Mais il ne le croit pas, l'Homme de l'espoir vain,
Il attend le retour des maîtres, qui se donnent
Pour dieux, malgré leur guerre, où rien ne fut divin,
Oui, la destruction, prévue apocalypse
De l'Éternel Retour, est bénie à l'autel,
Malgré le triste sort de précédente éclipse,
Et la prière vaine au mage ou pour un tel ;
Les radiations qu'émet toujours chaque Être,
Vivant ou minéral, bonnes, mauvaises sont,
L'âme est fixation de l'onde, et, Double à naître,
Elle peut voir un monde, et s'incarner en rond.

XXXII

L'inconscient meurtri de conscience pure,
En collectivité d'Espace hors du Temps,
Au panthéisme ardent sut créer la Nature,
Et les dieux, innocents sous leurs sanglants printemps,
Eurent tous les défauts, pour disperser le Souffle,
Avec la panspermie, Eole par ses vents,
Pandore... Dans la grotte où géon se boursoufle,
Émerge de l'eau Mère, où l'éon lance évents,
Tout un monde serti de Forces séminales.
Le monstre, ce Moment des mers, où de Sumer,
Aux pieds lourds d'animaux aux terreurs virginales,
Sentait monter l'idée en son désir amer,
Comme mur de cyclope aux flots qui l'engloutissent.
Le chèvre-pied dansait, le grand Pan n'était mort,
Le minotaure, était plus fort que ceux qui tissent
Le destin plus savant où l'homme, enfin seul, mord,
Car la légende était vérité. La mémoire
A perdu de Chronos l'ancien calendrier,
Mais elle sait toujours le tréfonds qui se moire,
Dont rit le faux savant, lourd comme un madrier.
L'Atlantide a creusé l'Espagne et la Floride,
Auprès de leurs détroits, et, la dérive aidant,
Les continents vaincus gardent l'inverse ride,
Comme un grand rond dans l'eau du Destin impudent.

XXXIII

Mais après notre Histoire, il en viendra quelque autre,
Quand la destruction aura fait notre oubli,
Il restera l'humain, sans foi car sans apôtre,
Homme posthistorique au mortel hallali,
Qui ne saura plus rien, l'écriture et l'usage
De la pierre polie ; au lointain avenir
Reprendra le destin que l'on croira plus sage,
Avec la découverte et technique à fourbir
Vers une apocalypse encore, au rouge atome.
L'aïeul de Préhistoire où nous comptons le Temps
Qui nous reste en Mémoire à ce jour qui ne chôme
Depuis que le silex à l'esprit fit printemps,
L'aïeul donc, est aussi le fruit de Posthistoire,
Préhistoire pour nous, d'un autre renouveau,
Fin de race pourtant, dont mourut sans victoire
Primhistoire technique en son lointain niveau,
Entre glaces vivant le chaud qui civilise,
Puis ne résistant pas assez longtemps, aidant
Par la guerre climat à changer de balise
Vers l'animalité, sous la farouche dent
Du destin. Le Grand Cycle est bien un Tout cosmique,
Mais l'onde en les cerveaux crée agressivité
Qui pousse en même sens, de longueur atavique
Pour l'Esprit, qui toujours cherche ainsi vérité.

XXXIV

Il y eut tout d'abord le lent pithécanthrope,
Qui découvrit le feu, puis les aliments chauds,
Changeant son mufle ardu pour denture qui stoppe
Le groin, devenu nez aux repas sans museaux,
Le sexe ne fut plus la chasse intermittente,
Que la nature impose au rut de l'animal,
Il fut élaboré, se marqua de l'attente,
Devenu moins ardent, pour le Bien et le Mal,
Pour l'Amour... Le sang chaud vécu par permanence,
Triompha du sang froid, du Grand Reptile enfin,
Même s'il eut sang chaud, d'une ultime souffrance,
Mais il n'avait pas su s'adapter à sa faim.
Le singe qui dit non au dieu l'extraterrestre,
Est descendu de là, de l'arbre son totem,
Désormais carnivore en devenant rupestre,
Au sein de grotte sombre où, parmi le harem,
Naquit l'homme, formé du dieu par son image.
Par dieu le christ cosmique d'Espace est croisement,
Dans le continuum, d'astronef en usage,
La Forme vient de là, par l'Onde qui ne ment,
La Morale en a fait une Légende lasse
Au prophète meurtri, l'Osiris, le Jésus,
Pour mieux donner sa loi sur l'esclave à main basse,
Dont la race resta par de tels soins en sus.

XXXV

La Morale a pour but de servir le vieux Maître,
Qui se donnait pour dieu, lui, l'homme au front menteur,
Venu d'Ailleurs, par Temps perçant comme fenêtre
Continuum, d'Espace, Étendue en stupeur
Ayant vaincu Durée et monde parallèle,
Dit Enfer. L'animal subit en son cerveau
La même servitude, où dressage se mêle
D'en être le vecteur à son propre niveau,
Domestication aussi, par atavisme,
Et même agriculture en est le résultat
Sur la plante mutée en son collectivisme
Ainsi qu'homme, animal, vers l'actuel état
D'ici. Tache solaire au rythme qui pénètre,
Influe aussi l'esprit, la race en ses combats,
La traine magnétique à chaque astre voit naître
La fluctuation où tout part en ébats,
Substance en la Matière, en Vie, Antimatière...
Ainsi toute Vitesse est Courbe, Espace aussi,
L'Entre-Temps de Raison et de Foi fait litière,
Pour mieux recommencer, dualisme transi
D'âme en Forme par Force au carbone. En silice,
C'est le quartz, qui s'in-forme en vainquant l'Onde en Temps,
Quartz piézoélectrique et vivant subreptice,
Cristal. Toute Structure est Pensée, ô Printemps !

Claude Cotti : *le château de Caïn*.

XXXVI

SIXIÈME INTERLUDE : JÉSUS

Je suis le Josué, le Jésus davidique,
Mais je n'ai pas stoppé le Soleil en l'influx
Où notre œil erronné se montre trop perclus,
Je suis l'Enfant maudit du Gabriel sadique,
Héraut d'arme du dieu qui masque son reflux
En m'arrachant l'espoir qu'une défaite indique.

Je fus un chef zélote, et de mes zélateurs
Je n'ai fait qu'un amas de gibier de potence,
Potence de la Croix où, malgré l'insolence,
Le trône iduméen me retient dans ses peurs,
Cette famille née à l'Hérode en semence
D'une autre dynastie en qui, faux roi, je meurs.

J'ai cru pouvoir forcer le dieu dans sa rancune,
Mais il ne me crut pas assez prince en son sang,
L'extraterrestre est las de soutenir son rang,
L'hostie en translateur manque à la Terre brune,
Je n'avais que l'audace et fus pris à mon banc,
Le Maître n'aime pas qu'esclave l'importune.

J'ai perdu, car mon trône était par trop honni,
Sur la Terre de l'Homme où mourait mon triomphe,
Ecce Homo, le cri monte en l'astre par romphe,
A tous ; *Eli, Eli, lama sabacthani,*
Je suis celui qui suis ; quand m'achève le gomphe,
L'agomphe nue au gromphe orne un ciel impuni.

XXXVII

Tout va par Loi des Sept, que radioactive,
En son rayonnement, ce qui fait le débit
De l'onde. Quand se perd, en une heure objective
Quatre vingt dix pour cent du flux en acabit,
Le temps est un facteur de sept en l'heure même,
En son écoulement de déperditions.
Tout marche ainsi par sept, où l'homme en géon sème,
Mongolisme est d'abord trisomie, or, scions,
Le nombre vingt et un où gène est en surnombre
Sur la chaine d'acide incluant ce mutant,
Ce n'est que trois fois sept, ô mongolien trop sombre,
Trois de la trinité, dieux, sept d'homme tout autant,
Mais au printemps mort-né que notre Age transforme,
L'astrologue a toujours deux décans de retard
Sur l'astronome, et ciel à tout mage est difforme,
Il dit le Temps Ancien, non le nôtre plus tard !
Or, le ciel n'est jamais que les autres planètes,
Extraterrestres sont les Fils du Ciel pour nous,
Les chtoniens sont Enfers, où des chances moins nettes,
D'autres continuums, attendent nos genoux
En ces endroits maudits, pour prier d'autres Maîtres,
Le purgatoire étant le sous-continuum,
Mais la foi n'est qu'un dol, dieux pour d'autres sont traîtres,
Qui ne sait que prier reste dans l'atrium.

XXXVIII

Si l'homme de caverne advint après technique,
Les radiations de l'atome perdu
En sont cause, en luttant contre vieille panique,
L'homme se protégea loin du sol éperdu
D'horreur, sinon l'igloo contre le froid perfide
Eut suffi. Période en rythme dépressif
D'atome irradié diverge sous l'égide
Des composés divers, malgré l'ordre implosif
Où va la Loi des Sept, Espace-Temps chimique,
Ô carbone quatorze en son calendrier !
Ainsi fait l'isotope. Esprit d'homme en relique,
Lui, se fomente un Art, taillant le madrier
Comme fut la colonne au naos qu'on oublie,
Pour retrouver en dieux la Forme du passé,
De l'ancêtre, du Maître avec sa panoplie,
Dite Création, à l'horaire lassé ;
L'artiste est créateur pour imiter technique
Du dieu, vainqueur sans fin de Serpent, Lucifer,
Prométhée, et j'en passe en la terreur antique,
Rejetés aux démons, leurs victimes d'enfer,
Pour avoir aimé l'homme et maudit l'imposture
Du dieu Père, incarnant de génétique en faim
Son péché d'origine, où la Vierge en posture
D'être Mère a reçu son Fils qui meurt enfin.

XXXIX

Tous les faits sont réels, il n'est que la Nature,
En dehors de cela c'est superstition
De croire au merveilleux que notre crainte indure,
Le miracle, divin, n'est qu'une notion
Insciente, et le fait décrit n'est que technique
Que nous ne comprenons, que savoir trop perdu
Depuis que Primhistoire en Glace est la relique.
Le fait imaginaire, en son rêve éperdu,
Songe creux de l'esprit n'ayant gardé sa force,
Est bien un fait réel, qui n'émerge au présent,
Puisque nous n'avons plus les Pouvoirs, sous l'écorce
Qui nous fit des mutants au rythme trop pesant
Pour télékinésie... Il y eut des révoltes,
Mais le Père des dieux, chef d'expédition,
Garda son entrepôt (paradis), ses récoltes,
Pour vaincre l'homme-esclave, avec sa sanction
Contre tous ses amis ; station génétique
Ainsi n'est plus l'éden, mort en l'orgueil meurtri
Du dieu jaloux, surhomme. Il échoua, tragique,
Race tératomèle est son triste décri,
Qu'il biffa pas Déluge. Et social, le drame
Contre le dieu déchu, Littérature arma,
Comme un succédané du Verbe, sans la trame,
Telle Création, qui dans l'Art se mima.

XL

Le Tout émerge au monde, en Tout pour la Partie,
Le Fragment, pour le Tout, passe en totalité,
Et la Partie est Tout, inverse en garantie,
Mais de même total en son ubiquité,
L'électron est Moment de la Force intégrale ;
Ailleurs, il passe Ici, par Forme en tel vecteur,
Illusion d'espace, en Durée amorale,
Illusion de Temps, d'Étendue en secteur,
Ainsi le dualisme a créé l'âme double,
Comme produit chimique au Tout manichéen,
Qui d'apparence est Nombre en dominant le trouble,
Le trois qui croix maudit au cri galiléen ;
Le mythe est vérité qu'éternité proclame,
D'affabulation que déforme Moment
D'inertie, entropïe ensuite est tout le drame,
Et la néguentropie émerge d'un tourment ;
Ici, le social venge désespérance
D'éden, et le Déluge à la gauche est Grand Soir,
Contre le patronat, qui, tel dieu de souffrance,
Annonce apocalypse où mourra son espoir.
Le Dernier Jour pour viendra : trois est l'humain squelette,
Ou carbone, ou phosphore, ou fluor en son lot,
Et celui qui domine, au moral est vedette,
Ainsi vont les humains, différents dans leur flot.

XLI

Rêve prémonitoire est pouvoir d'inhérence,
Reste du vrai Pouvoir, qui pouvait, éveillé,
Les ondes-sentiments sont comme l'intendance
D'onde-produit chimique au Penser outillé,
Propageant hors vitesse amour-adrénaline,
Colère-adrénaline en flux manichéen ;
Les cristaux, structurés, émettent d'origine
Aussi l'onde sans temps, même pas chaldéen,
Même substance amorphe est autre, et reste inerte,
Flux radioactif est seul pour l'émietter
En son Temps ! Le cosmos, en sa spirale alerte,
Par ses pulsations ne cesse d'empiéter
Sur cet écoulement d'une brusque séquence,
Le phophète en l'esprit fait de même, et le ciel
Brille sous son étoile où fournaise s'élance,
Le lointain paradis, extraterrestre, est fiel
Comme celui d'ici, dont Maître nous exploite ;
Quand il s'en va, vaincu, plus vite que lueur
Au photon de lumière, astronef qui miroite,
Le mobile, infini par sa masse en vapeur,
Entraine le plasma du gouffre interstellaire,
Jusqu'à ce qu'il contracte, en sa Forme émergeant,
Le Moment d'un Lieu-Là, Temps d'Espace à son aise,
Où la Vie, en Souffrance, orne un mythe exigeant.

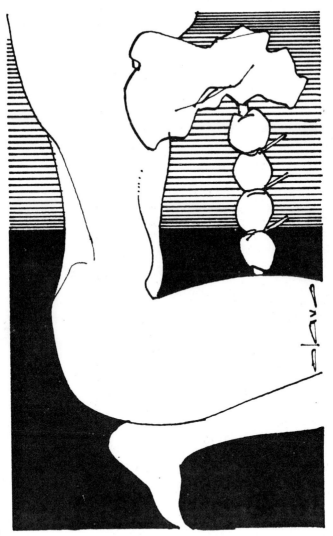

Olavo Soares : *la vierge mère, ou le fruit pas toujours défendu.*

XLII

SEPTIÈME INTERLUDE : PAUL DE TARSE

Oui, je suis le dynaste en trame iduméenne,
Et j'ai combattu ceux de davidique apport,
Mais tout d'abord Jésus, échoué près du port,
Car sa mort, jusqu'à moi, fut plaie et vit ma haine,
Du trône d'Israël je ne voulais déport,
Étant parent d'Hérode, et non du Christ en peine.

Mais il n'eut pas le trône, et j'ai pris son autel,
En me convertissant, son hostie est ma veine,
En fût-il imposteur en son ultime scène,
Ô Cène ! Que m'importe ! Il eut un désir tel,
Que si le Maître y crut, je reprendrai la chaîne,
Ferai du Christ Église, et serai l'immortel !

Son authentique père, en héraut de paroisse,
Était un gabriel, Judas de Gamala
Non pas l'Iscariote, un cousin qui voila
Un destin de Sauveur, en la mortelle angoisse,
Comme eut droit Osiris. Mais je passai par là,
Chez Pison conspirant, pour Rome, qui se froisse.

Et j'ai trompé Néron, qui passa pour tyran,
J'ai mis le feu trompeur à la Ville où l'Église
Règnera par mon fait d'une insolente emprise ;
Je meurs comme Sénèque, intime et vétéran,
Un Pétrone, expurgé, ne dira rien. Qu'on lise !
Vengée est ma famille en ce dernier écran !

Izabela Santos da Rocha Lourès : *psychés en quête de somas pour se réincarner.*

ENVOI

XLIII

Tacite était trop jeune au temps de l'incendie
De Rome sous Néron, son texte mutilé
Cache renseignements qu'il eut sans perfidie ;
De Néron, de Titus, rien ne fut révélé,
Le premier, des chrétiens, l'autre, des juifs, intime,
Combattirent complots. Pétrone tout autant,
En son Satiricon avouait le vieux crime,
Mais la page arrachée au manuscrit tentant,
Sauva jeune renom de l'Église naissante,
Vouant la Synagogue à son fameux malheur !
Ainsi l'Iduméen, de foi non innocente,
Au davidique autel laissa son nom vainqueur,
Paul, et le paulinisme a recouvert le Temple...
L'ayant su, Templiers ne sont plus que martyrs,
Paris ne vengea Rome en son funeste exemple,
Comme Lucain, Sénèque ou Pétrone, ô soupirs,
Quand Jacques de Molay maudit près Notre-Dame
Le pape avec le roi, qui moururent bientôt ;
Mais nul ne veut savoir que le blasphème est drame,
Que Jésus n'était rien sans Paul et son complot,
Qu'un fils de gabriel vaincu comme zélote,
Et qui monta vers ciel dans l'astronef, humain
Comme Hénoch, comme Élie, à côté du pilote,
Pour que l'extraterrestre en dieu tende la main.

XLIV

Pour l'esprit, le corps est, tout comme l'âme, double,
Le soma, c'est le corps par rapport à l'esprit,
Mais c'est aussi le corps, multiple dans son trouble,
Par rapport au germen, sans qui soma périt,
Car le soma fait corps, le germen fait la race,
Noyau reproducteur en son éternité,
Lui, géon organique en qui l'éon retrace
Message nucléique en Temps, par vérité
D'Espace, qui progresse ; et ce corps en deux Faces
Abrite, humainement, au cerveau, la psyché,
Cette âme qui comprend un corps astral où masses
Des cosmos laissent voir l'Espace-Temps marqué
En l'Idée et sans corps, attendant que revienne
Le Retour de l'Esprit, le Moi des Profondeurs
Étant l'âme du corps, atavique en l'antienne
Où race récurrente induit l'homme en stupeurs,
Mémoire collective. Ainsi, partout, deux formes
Sont la totalité du Moi, du corps, de l'Un,
Le Tout pour la Partie est toujours dans les normes,
Par réciprocité. Le tore dans son clin,
Autour de l'astre entraîne en tourbillon ovale
Satellites qui sont d'écliptique le plan,
Mais il n'est pas qu'un plan, parallèle s'étale
L'univers qui s'enroule au Centre en même élan.

XLV

Le laser est un flux, lumière cohérente,
Un plasma, concentré plus que création
De produits, donc une arme à la force inhérente,
Comme l'est son contraire alternant notion,
La rupture au niveau connu, moléculaire,
De la cohésion de la substance en soi,
Et de ces deux néants repart l'Un en son aire,
Cet Atome Premier, du monde seul en Loi ;
Les résurrections restent toujours possibles,
Transfigurations au cosmique transfert,
Mais sciences du dieu, qui n'est qu'homme, font cibles
Au chimique Produit de l'Onde où Tout appert,
Le son est créateur du cosmos où tout vibre
En Spirale de Vie où nébuleuse est l'œil ;
Faute d'instantané, Forme en Onde n'est libre,
Elle sort du néant, longueur de seuil en seuil,
Pour refaire Surface, Étendue et Durée,
Les paramètres sont d'ailleurs bien plus nombreux,
Infinis, par le Sept. Création parée
Est donc un décalage, où le Verbe amoureux
Se pense et Se complaît, comme le fit Narcisse,
Nous sommes le reflet du reflet qui s'aimait,
Le Singe qui dit non mesure une autre abscisse,
Le Mythe en Vérité ne ment, car il co-met.

Iracema Kajimoto : *l'entrée d'une station génétique, dite également paradis (succède à l'entrepôt primitif).*

Or, l'Empire Ouigour, au Centre de l'Asie,
Contemporain de ceux qui se disaient divins,
Aux pays engloutis, aux mythes morts sans fins,
Et vrais sous le décor qui les apostasie,
A vu naître géants dont l'orgueil est levains,
Dieux Nordiques vivant Scandinaves Confins,
Ou Védiques sans joie en la guerre choisie.
Même Sumer parlait le vieux Mongol... Mots vains !

Ô Fils du noir Léthé, Filles de Mnémosyne,
Le Culte Versatile à l'apex est dressé,
Le Zodiaque en Croix ne reste délaissé,
Mot à l'ordinateur des dieux passe et devine
Le Demain d'un Jadis au mythe compassé ;
Le Lucifer n'est pas, sur l'arbre de Jessé,
Toute Lumière en Soi, l'Ailleurs autrement dîne,
Mais le Flambeau sans Temps, d'Espace n'est lassé.

RAPPEL SYNOPTIQUE
ET EXPLICATIONS SYNALLAGMATIQUES

LOI DE COTTI

Loi de la synergie universelle, qui transforme la constante d'Einstein en variable à dérivées, et remplace la loi de l'attraction universelle, par contre-pied, comme la théorie de la Terre plate et centrale fut remplacée par la théorie inverse, à savoir :

— Les corps se repoussent de façon inversement proportionnelle à leur masse, et en raison directe de la racine carrée des distances, dès qu'ils sont soumis à une force commune qui les attire, et les retient jusqu'à la limite de sa puissance, ou moment angulaire, qui est une limite d'entropie.

Le moment angulaire, pour le Soleil, se situe à l'apex, autour duquel tourne sa parabole (effet pyramidal Hercule-Lyre) suivant les 7 Lieux, ou Dimensions humaines, dont la 4e échappe à l'attraction terrestre (le solide pyramidal est de la 4e dimension, fixée ici par ses structures internes, en communication avec les ondes cosmiques).

Ce mouvement universel constitue la formule de la Substance, dont la Matière, l'Antimatière et l'Energie sont des effets vibratoires momentanés, dus aux gravitons et aux couples de gravitinos, dans un univers inachevé, c'est-à-dire dont la Création est un Moment, pour l'éternité ; sa formule, LOI DE COTTI, ne comporte pas d'antisolutions, même sur ordinateur, et constitue un produit remarquable qui permet le passage à d'autres systèmes que décimaux et aux géométries non euclidiennes, à d'autres univers, dits parallèles, en créant à partir de 3 forces gravitées en synergie un champ autonome dégravité des forces extérieures agissantes (4, soit 7 en tout, qui sont les Dimensions de la Géométrie de Cotti), à savoir utilisable à volonté (antigravitation, transmetteur de matière, de pensée) :

$$\frac{HY}{L^2} = \boxed{\frac{P}{\pi}}^2 = \frac{E}{4} \left(\frac{MC^2}{3} \right) = \frac{57}{7} = 8,142857,$$

fréquence 142857 ∞ d'où la formule éternelle de la Vie $O_6NH_7C_4$ conforme aux propriétés du puits mathématique 6174, proportions des composantes de base de la matière dégénérée et générée par l'opposition cosmique trou noir-trou blanc, manichéenne fondamentale.

TABLE DES MATIÈRES

Pages